NOUVELLE BIBLIOTHÈQUE JUNIOR

Roland Fuentès

La Dédicace

Cornelsen

à Gilles

1

C'est papa qui a rapporté la dernière BD de Sandro Baillotte : *Le Crayon invisible*.

Je me souviens très bien de la scène : en entrant, il a posé le livre sur le buffet pour enlever son manteau et ses chaussures, maman l'a ouvert machinalement, et elle a commencé à lire. Moi, j'ai jeté un œil par dessus son épaule. Puis deux ... Papa a dû tousser plusieurs fois pour nous faire comprendre qu'il voulait lire l'album tranquillement dans son fauteuil.

Il n'a pas réussi à lire en paix. Maman et moi, on est restés agrippés à lui de la première à la dernière page, perchés sur les accoudoirs du fauteuil comme des huîtres sur un rocher.

Au collège, tout le monde connaissait Sandro Baillotte. Zaza en était timbrée. Elle avait eu *Le Crayon invisible* pour son anniversaire la semaine précédente ; elle l'avait déjà lu, relu et re-relu.

Frankie, lui, dessinait les personnages du *Crayon invisible* sur ses cahiers, sur la table, et même dans les marges de ses contrôles. Le prof de maths devait être fan de Baillotte parce qu'il lui a rendu son devoir avec un « Très bien ! » en rouge juste sous le dessin !

Alouette l'avait vu à la télé :

– Il est trop beau !!! Il ne le sait pas encore, mais sa future épouse, c'est moi !

Quand ils ont appris que j'allais au Festival d'Angoulême, tous ont poussé le cri d'un cochon qu'on égorge.

– Quelle chance !!! Tu pourras faire dédicacer nos BD par Sandro Baillotte ???

La veille du départ, j'avais une pile de *Crayon invisible* sur ma table. Aller à Angoulême, tout d'un coup, ça me transformait en héros. En ambassadeur du collège au royaume de la bande dessinée. J'ai soulevé la pile d'albums, Zaza m'a ouvert la porte, et je suis sorti de la classe, courbé sous la charge, fier comme un coq.

2

Le billet aller-retour pour Angoulême, c'est un cadeau des parents. Je l'ai trouvé dans une enveloppe au pied du sapin, le 25 décembre :

« Bon pour un aller-retour Avignon-Angoulême. »

Depuis quelques années, je n'ai plus de paquets-cadeaux à Noël. Juste des enveloppes :

« Bon pour une journée à Marineland. »

« Bon pour un week-end au ski. »

Ça fait toujours plaisir, sûr, mais ça manque un peu de poésie ...

– Le mieux, c'est que tu changes à Paris. Tu rejoindras ton grand cousin Mathias, ça nous rassure qu'il t'accompagne.

Le « grand cousin Mathias » ... Je ne l'ai vu qu'une seule fois et on ne peut pas dire qu'il m'ait laissé un souvenir inoubliable. C'était le lendemain du mariage de tata Francine. Les parents du marié avaient invité tout le monde chez eux pour la soupe à l'oignon. Mathias s'est assis sur le canapé en déclarant :

– La soupe à l'oignon, ça fait puer de la gueule !

Pendant tout le repas, il n'a pas décollé du canapé. Il a grignoté des chips en lisant une BD.

– Je suis vraiment obligé de monter jusqu'à Paris pour faire Avignon-Angoulême ?

Sur la carte de France, ça représentait un sacré détour.

– Ah ! Ah ! Mon fils débarque ! a lâché papa. La France est un pays centralisé : tout passe par la capitale, ça a toujours été comme ça !

Il me fait suer, papa, avec ses évidences. Ça a peut-être toujours été comme ça, mais moi j'ai pas toujours été là. Lui, rien ne l'étonne jamais. S'il fallait passer par Paris pour aller à la salle de bains, il trouverait ça tout à fait normal !

3

À Paris-Gare de Lyon, j'ai tout de suite localisé le cousin Mathias. Il grignotait des chips en lisant une BD, assis par terre au milieu du grand hall.

Quand je l'ai appelé, il a marmonné sans lever les yeux :

– Attends, il me reste une page !

Ses cheveux en bataille et sa barbiche pendaient sur un pull piqueté d'authentiques brins de paille (en plein Paris !). Là-dessous, un pantalon kaki avec une multitude de poches et de boucles aux fonctions mal définies, puis des chaussures de clown défoncées. Plutôt réussi dans le genre aventurier. La somme des heures passées devant la glace imposait le respect.

– Hop ! il a fait en refermant le livre. C'est parti, cousin ! On va prendre le bus jusqu'à la gare Saint-Lazare !

Il a sauté sur ses pieds et il a rebondi, élastique, en direction de la sortie. Je l'ai suivi à grand peine. Le gars avait l'habitude de circuler dans Paris, alors que moi, je devais m'habituer à la vitesse des gens sur les trottoirs.

À l'arrêt du bus, plusieurs voyageurs portaient un carton à dessin sous le bras. D'autres, assis sur un sac à dos, feuilletaient une BD aussi paisiblement que s'ils se trouvaient à la bibliothèque. Mathias m'a envoyé un clin d'œil :

– La moitié de la France va faire Angoulême, ce week-end !

Le bus est arrivé, la moitié de France qui allait « faire » Angoulême est montée. Il a fallu inventer des positions inédites : creuser le ventre, serrer les épaules, prendre la pose sur un pied pour faire rentrer ce qui ne rentrait pas.

– C'est marrant ... T'as pas le look d'un fan de BD !

Le cousin, installé en face de moi dans le TGV Atlantique, observait mes chaussures neuves, mon pantalon sans trous, mon pullover bleu marine et mes cheveux courts.

– Je savais pas qu'il fallait porter un uniforme pour aimer la BD.

Il a ri en me tendant son paquet de chips.

– Te vexe pas ! En principe, les fans de Mingo ont plutôt le look rasta, ceux de

Benaerts ont le look grunge (comme moi), et les fans de Lantil sont des punks. Ceux qui n'ont pas de look particulier, ce sont les amateurs. Les lecteurs du dimanche ...

4

En sortant de la gare d'Angoulême, tout le monde s'est dirigé vers le centre ville. Les fans de Lantil, crêtes au vent et blousons grand ouverts, ont filé devant. Les fans de Mingo les ont suivis, sautillant de toutes leurs tresses dans le rythme du poste que le premier portait sur l'épaule. Des fans de Benaerts sont venus vers nous. Le cousin me les a présentés puis, tous ensemble, nous nous sommes mis en route.

De loin en loin, les sans-look avançaient aussi, seuls ou par petits groupes. Gravissant les pentes de cette ville en forme de pièce montée, fans inconditionnels ou amateurs éclairés, maniaques de la bulle et lecteurs du dimanche convergeaient vers les chapiteaux dressés sur la place pour la grand'messe de la bande dessinée.

La nuit était tombée depuis longtemps. Il n'y aurait plus rien à voir ce soir mais Mathias tenait à repérer les lieux.

– Le grand chapiteau, là-bas, c'est pour les dédicaces. Si tu veux prendre un bain de foule, tu seras servi ! N'oublie pas d'emporter une épingle à linge.

– Une épingle à linge ?

– Ben oui, il fait très chaud là-dedans. On est serrés comme des anchois, et certains sentent sous les bras ...

5

Le soir, on a squatté chez « Bidule », un pote de Mathias qui étudiait la BD à Angoulême. Il hébergeait déjà cinq autres copains dans son deux-pièces-cuisine. Sacs à dos, pulls bariolés et chaussures de clown jonchaient le sol du salon. Au milieu de ce paysage chaotique se dressait une table basse recouverte d'éditions originales, de bouteilles de bière et de restes de pizza.

Assis sur des poufs, cigarette au bec, Mathias et ses copains discutaient BD. Leurs mains gesticulaient, leurs têtes faisaient oui, faisaient non, un nuage de fumée montait jusqu'au plafond. On aurait dit une tribu d'Indiens concluant une alliance sacrée. Ils utilisaient des mots techniques, évoquaient des amis communs, en disaient du bien, du mal, se rappelaient un bon vieux temps qui n'était pas le mien. Pour m'occuper, j'ai attrapé une BD sur la pile et je l'ai feuilletée. Mais les bulles dansaient devant mes yeux, les personnages me tiraient la langue. J'ai piqué du nez.

Une main s'est posée sur mon épaule.

– Va te coucher à côté, a soufflé la voix du cousin.

Il me souriait presque maternellement.

– On va papoter toute la nuit, c'est toujours comme ça quand on se retrouve.

Je me suis levé en craquant des genoux, j'ai tâtonné, la tête dans le nuage de fumée, jusqu'à la chambre de Bidule. Là, j'ai écarté le Lucky Luke grandeur nature qui gardait le lit, je me suis glissé sous la couette aux motifs Astérix, et j'ai souhaité la bonne nuit au Gaston qui somnolait sur le mur. Je me suis endormi illico, pressé d'être au lendemain.

6

Le matin, quand je suis allé retrouver les autres au salon, rien n'avait bougé. Le nuage de fumée s'était juste épaissi. Le cousin avait dû beaucoup parler, parce qu'il avait perdu sa voix.

– Petit café ? il a demandé avec difficulté.

– Volontiers.

– Aujourd'hui, c'est le grand jour ! Tu vas enfin approcher ton idole !

Bidule a posé une tasse de café brûlant devant moi.

– Alors, le petit cousin, c'est qui ton dessinateur préféré ?

– Sandro Baillotte.

– Baillotte ... Mouais, pas mal. Ça vaut pas Benaerts mais ça reste correct.

D'un seul coup, Bidule a perdu des points. Comment pouvait-on trouver Baillotte simplement « correct » !!!

Mathias remuait son café en considérant mon sac rempli de *Crayon invisible.*

Tu comptes faire dédicacer tout ça ?

– Ben oui.

– Ils te laisseront pas entrer.

– Pourquoi ?

– Parce qu'on n'a droit qu'à un seul album perso. Le reste, il faut l'acheter sur place.

Un seul album perso ! C'était la plus mauvaise nouvelle de l'année ! Ils ne connaissaient pas les copains ... Si je ne leur rapportais pas leurs dédicaces, Zaza me traiterait de tous les noms, Frankie ne me parlerait plus, et Alouette me crèverait un œil !

On s'est mis en marche. Le soleil avait du mal à ouvrir les deux yeux. Les bas quartiers étaient encore plongés dans l'ombre, seules quelques lumières, de loin en loin, brillaient dans les maisons.

– Il faut arriver avant le rush, a prévenu Bidule en pressant le pas. Je suivais, alourdi par la mauvaise conscience. Je n'emportais qu'un seul exemplaire du *Crayon invisible* à faire dédicacer : le mien.

Malgré l'heure matinale, une longue file de visiteurs s'étirait devant l'entrée. Lecteurs du dimanche et boulimiques de la bulle, fans aux pulls bariolés et jeunes cadres dynamiques en costume, la horde des fidèles attendait de pénétrer dans le temple de la BD. Étrangement, les conversations restaient calmes, les rires étouffés. On pouvait sentir le respect, flottant dans l'atmosphère comme un grand coussin invisible.

À l'intérieur du premier chapiteau, notre groupe s'est éparpillé. Mathias m'a tiré par la manche.

– Viens voir le stand des figurines. Il faut que je complète ma collection d'Astérix en résine.

– D'accord, après on va faire dédicacer Baillotte ?

– O. K. !

Au stand des figurines, on trouvait des Astérix, des Obélix, des Tintin, des Thorgal, des Lucky Luke ... Depuis leurs étagères, ils nous regardaient d'un air amical, comme pour nous faire oublier le prix inscrit sur leurs étiquettes. Le cousin est tombé en arrêt devant un Astérix aux moustaches splendides.

– Ouaouh ! Je l'ai pas, celui-là. Un tirage hyper-limité !

En payant la figurine que le marchand lui tendait précautionneusement, Mathias a soufflé :

– Maintenant, on va faire un tour du côté des fanzines. C'est à deux pas.

– Et Baillotte ?

– Juste après, promis !

Au stand des fanzines, on trouvait des dessinateurs en herbe aux doigts pleins d'encre de Chine qui dédicaçaient des feuilles blanches.

– Ici, il faut avoir du nez ! Repérer ceux qui, demain, joueront dans la cour des grands.

Il y avait des choses très originales. Malheureusement, l'originalité était à vendre et mon budget insuffisant.

Mathias a acheté une dizaine de fanzines.

– J'ai bossé un mois l'été dernier. Alors, question argent de poche, j'ai de la marge !

Ça m'impressionnait : claquer un mois de travail en une journée ! Mathias avait sans doute raison, je n'étais qu'un « lecteur du dimanche » ...

– On peut aller voir Baillotte, maintenant ?

– Tout de suite. Juste un petit café, et on y va. Promis !

À la buvette, on a retrouvé une partie du groupe. Excités en diable, ils ont déballé leurs achats. Bien vite, figurines et fanzines avaient envahi le comptoir.

– Toutes ces trouvailles, moi, ça me donne faim ! Hé, petit cousin, tu veux un sandwich ? Je t'invite !

– Volontiers. Merci ! Après, on y va ?

– Juste après, promis.

Après le sandwich, il y a eu le café. Et après le café, un autre café.

– Ça aide à tenir après une nuit blanche, tu comprends !

On se levait enfin quand Bidule est arrivé avec un sac plein de figurines en résine.

– Regardez un peu : la tribu des Schtroumpfs ! J'ai donné une grande claque à mon porte-monnaie, mais ça aurait été criminel de ne pas réagir !

Un par un, les petits êtres bleus sont sortis du sac ; ils se sont faufilés sur le comptoir entre les miettes de sandwich, les tasses vides et la tribu déjà nombreuse des autres personnages en résine.

– Quarante et un Schtroumpfs pour le prix de quarante. Je pouvais pas laisser passer l'affaire !

7

L'après-midi était bien entamé quand nous sommes entrés dans le chapiteau principal.

– Pour Baillotte, c'est ici, m'a lancé le cousin. Dis donc, il a le vent en poupe, ton coco ! Sa file d'attente n'était pas si longue, l'année dernière !

Puis, il s'est dirigé vers la file de pulls bariolés qui attendait au stand de Benaerts.

Une soixantaine de personnes patientait devant moi, un album sous le bras, l'air résigné mais heureux. D'où je me situais, je ne distinguais pas encore

Sandro Baillotte. Pour m'occuper, j'ai feuilleté *Le Crayon invisible.* Je n'arrivais pas à croire que bientôt, un original décorerait la première page, avec un petit mot juste pour moi. Ça aurait pu être un jour extraordinaire si ma mauvaise conscience l'avait mise en veilleuse. Malheureusement, je pensais aux copains, qui ne me pardonneraient jamais de revenir sans leurs dédicaces !

La file de Benaerts avançait vite. En une heure, le cousin s'était considérablement rapproché du stand. Il dansait d'un pied sur l'autre, tendait le cou pour entrevoir son idole. De mon côté, je n'apercevais encore rien de Baillotte. Pas le plus petit bout de cheveu !

– Baillotte est un perfectionniste, a déclaré une dame devant moi. Il réalise de superbes dédicaces, malheureusement, il ne peut jamais satisfaire tout le monde. C'est la cinquième fois que j'essaie ! À Chambéry, l'année dernière, j'ai bien failli réussir. Mais je me suis évanouie à cause de la chaleur. Juste avant mon tour !

Elle a cherché dans son sac, et elle en a sorti un petit ventilateur à piles.

– Ça ne risque plus d'arriver. Avec ça, je pourrais attendre quarante-huit heures en plein désert !

La dame était gentille, mais elle me sapait le moral. Et puis brusquement, ma file a avancé de plusieurs mètres. Un groupe de dix personnes venait de lâcher prise.

– Ceux-là ne peuvent plus attendre : leur train part dans une demi-heure, m'a expliqué la dame. Tant mieux pour nous, hein ?

Ses yeux brillaient comme des chandelles. Elle ressemblait à une toute petite fille.

Pour la première fois de la journée, en me dressant sur la pointe des pieds et en me penchant un peu sur la gauche, je distinguais l'oreille droite de Baillotte. C'était déjà quelque chose ! Un quart d'heure plus tard, j'ai aperçu la moitié du front. Le courage me revenait. Je voulais cette dédicace et je l'aurais ! Dix minutes après, l'œil droit apparaissait. Il y a quelque chose de magique à voir se matérialiser, morceau après morceau, son dessinateur préféré. Mon cœur battait plus fort, ma salive devenait collante.

Soudain, l'oreille, la moitié du front et l'œil ont disparu. Il y a eu un mouvement dans la foule. Tout le monde s'est dispersé. Je me suis retrouvé comme un idiot devant la table vide de Sandro Baillotte.

– Encore loupé, a soupiré la dame en éteignant son ventilateur.

Le cousin m'a tiré par la manche :

– Dis, t'as vu l'heure ? On va manquer notre train !

Là, tout s'est enchaîné très vite. On a bousculé du monde pour atteindre la sortie, on a dévalé la pièce montée jusqu'à l'appart de Bidule, on a pris nos sacs puis on a couru comme des dératés jusqu'à la gare.

8

Dans le TGV Atlantique, je n'ai pas adressé un mot à Mathias. Il me répétait qu'il était désolé. Pour sa peine, il était prêt à m'offrir son exemplaire dédicacé de Benaerts ! À Paris, il m'a accompagné jusqu'à la gare de Lyon.

– L'année prochaine, c'est moi qui t'offre le billet Avignon-Angoulême. On fera la queue devant Baillotte dès 8 h du matin. Promis !

Mon train a démarré. J'ai fini par sourire à Mathias, derrière la vitre. Je lui ai même fait un signe de la main. Sur le quai, son pull est devenu de plus en plus petit. Je me suis rendu compte que je ne lui en voulais plus. Ce que j'aimais, c'était lire des bandes dessinées. Les figurines, les posters, les dédicaces, je m'en contrefichais. Voilà ce que le Festival d'Angoulême m'avait appris. Et si, demain, les copains à l'école me faisaient une scène, ils en entendraient de belles !

– Bonjour, il n'y a personne ici ?

– Non, non, allez-y.

J'ai répondu machinalement, avant même de lever les yeux. C'est après que je l'ai reconnu : Sandro Baillotte était en train de s'installer à côté de moi.

– J'avais une place à l'avant du train, avec des types qui reviennent d'Angoulême ... Mais j'ai dû leur fausser compagnie. Ces gens-là ne parlent que de bande dessinée !

Je n'ai rien dit. J'ai juste regardé mon sac, posé sur l'étagère au-dessus de nous. Lourd de tous les *Crayon invisible* à faire dédicacer.

Roland Fuentès est né à Oran, en 1971. Il a passé son enfance en Algérie et sa jeunesse en Provence. Après des études d'allemand effectuées à Aix-en-Provence, à Leipzig et à Berlin, il a enseigné l'allemand à mi-temps dans le Jura pendant neuf ans. Parallèlement, il a écrit des nouvelles et des romans pour adultes, puis pour enfants et adolescents. Aujourd'hui, il se consacre entièrement à l'écriture et à la traduction de l'allemand.

Il aime toujours voyager et apprendre les langues étrangères, et il espère avoir communiqué ce virus à ses trois filles. Ah, il aime aussi énormément la bande dessinée, et il est allé deux fois au Festival d'Angoulême ...

Nouvelle Bibliothèque Junior

Roland Fuentès • **La Dédicace**

Herausgeber	Thilo Karger, Klaus Mengler
Vokabelannotationen	Thilo Karger
Verlagsredaktion	Corinna Martin-Werner
Gesamtgestaltung und technische Umsetzung	Buchgestaltung +, Berlin
Umschlagfoto	© François Schuitten/FIBD 2003

www.cornelsen.de

1. Auflage, 1. Druck 2009

Alle Drucke dieser Auflage sind inhaltlich unverändert
und können im Unterricht nebeneinander verwendet werden.

Druck: CS-Druck CornelsenStürtz, Berlin

ISBN 978-3-06-022712-9

Inhalt gedruckt auf säurefreiem Papier aus nachhaltiger Forstwirtschaft.